Music Notebook

Bass Guitar

Name
Phone
Email

Contents

Page n°	Title
Page n°	Title

Contents

Page n°	Title
Page n°	Title

Contents

Page n°	Title
Page n°	Title

Contents

Page n°	Title

Page n° ____ **Title** _____ **Date** _____

Date **Title** **Page n°**

```
T
A
B
```

Page n° _____ **Title** _____ **Date** _____

T
A
B

Date **Title** **Page n°**

T
A
B

Page n° _____   **Title** _____   **Date** _____

Date **Title** **Page n°**

T
A
B

Page n° _____   **Title** _____   **Date** _____

Date **Title** **Page n°**

Page n° _____ **Title** _____ **Date** _____

Date **Title** **Page n°**

T
A
B

Page n° _____ **Title** _____ **Date** _____

Date **Title** **Page n°**

T
A
B

Page n° **Title** **Date**

Date   **Title**   **Page n°**

Page n° _____ **Title** _____ **Date** _____

Date **Title** **Page n°**

Page n° _____ **Title** _____ **Date** _____

```
T
A
B
```

Date **Title** **Page n°**

Page n°   Title   Date

Date **Title** **Page n°**

T
A
B

Page n° _____   **Title** _____   **Date** _____

T
A
B

Date **Title** **Page n°**

T
A
B

Page n° _____ **Title** _____ **Date** _____

T
A
B

Date   **Title**   **Page n°**

Page n° _____ **Title** _____ **Date** _____

Date **Title** **Page n°**

Page n° _____   **Title** _____   **Date** _____

Date **Title** **Page n°**

T
A
B

Page n° _____ **Title** _____ **Date** _____

```
T
A
B
```

Date **Title** **Page n°**

T
A
B

Page n°   Title   Date

Date **Title** **Page n°**

T
A
B

Page n° _____ **Title** _____ **Date** _____

Date **Title** **Page n°**

Page n°　　**Title**　　**Date**

T
A
B

Date   Title   Page n°

Page n°   Title   Date

T
A
B

Date **Title** **Page n°**

T
A
B

Page n° _____ **Title** _____ **Date** _____

Date _____ **Title** _____ **Page n°** _____

Page n° _____ **Title** _____ **Date** _____

Date **Title** **Page n°**

T
A
B

Page n°   Title   Date

T
A
B

Date **Title** **Page n°**

T
A
B

Page n° _____ **Title** _____ **Date** _____

T
A
B

Date **Title** **Page n°**

T
A
B

Page n° **Title** **Date**

T
A
B

Date **Title** **Page n°**

```
T
A
B
```

Page n° _____ **Title** _____ **Date** _____

T
A
B

Date _____ **Title** _____ **Page n°** ___

Page n° **Title** **Date**

```
T
A
B
```

Date _____ **Title** _____ **Page n°** ____

Page n° **Title** **Date**

T
A
B

Date **Title** **Page n°**

```
T
A
B
```

Page n°   **Title**   **Date**

Date **Title** **Page n°**

T
A
B

Page n° **Title** **Date**

Date   **Title**   **Page n°**

T
A
B

Page n° _____ **Title** _____ **Date** _____

Date _____ **Title** _____ **Page n°** _____

TAB

Page n° **Title** **Date**

Date **Title** **Page n°**

T
A
B

Page n° _____ **Title** _____ **Date** _____

T
A
B

Date _____   **Title** _____   **Page n°** _____

T
A
B

Page n° _____   **Title** _____   **Date** _____

Date **Title** **Page n°**

Page n° **Title** **Date**

T
A
B

Date **Title** **Page n°**

T
A
B

Page n° **Title** **Date**

Date **Title** **Page n°**

T
A
B

Page n° _____ **Title** _____ **Date** _____

Date _____ **Title** _____ **Page n°** _____

T
A
B

Page n° _____ **Title** _____ **Date** _____

Date _____ **Title** _____ **Page n°** _____

| T |
| A |
| B |

Page n° _____   **Title** _____   **Date** _____

T
A
B

Date _____ **Title** _____ **Page n°** _____

Page n° **Title** **Date**

T
A
B

Date **Title** **Page n°**

T
A
B

Page n° _____   **Title** _____   **Date** _____

T
A
B

Date **Title** **Page n°**

T
A
B

Page n° _____   **Title** _____   **Date** _____

```
T
A
B
```

Date **Title** **Page n°**

T
A
B

Page n° _____   **Title** _____   **Date** _____

T
A
B

Date **Title** **Page n°**

Page n° **Title** **Date**

T
A
B

Date **Title** **Page n°**

```
T
A
B
```

Page n° **Title** **Date**

T
A
B

Date **Title** **Page n°**

Page n° _____   **Title** _____   **Date** _____

Date **Title** **Page n°**

Page n° **Title** **Date**

T
A
B

Date **Title** **Page n°**

T
A
B

Page n° **Title** **Date**

T
A
B

Date **Title** **Page n°**

T
A
B

Page n° **Title** **Date**

Date **Title** **Page n°**

Page n°　　**Title**　　　　　　　　　　　　　　　　　　　**Date**

T
A
B

Date _____ **Title** _____ **Page n°** _____

T
A
B

Page n° _____ **Title** _____ **Date** _____

Date **Title** **Page n°**

Made in United States
Troutdale, OR
03/28/2024